JOHANN SEBASTIAN BA

KONZERT

FÜR CEMBALO (KLAVIER) UND STREICHER

BWV 1056

NACH DEN QUELLEN HERAUSGEGEBEN VON
HANS-JOACHIM SCHULZE

AUSGABE FÜR ZWEI KLAVIERE VON KLAUS SCHUBERT

URTEXT

C. F. PETERS

FRANKFURT/M. · LEIPZIG · LONDON · NEW YORK

SATZFOLGE

Vorliegende Studienausgabe basiert auf der Urtext-Partiturausgabe,
die unter EP 9386a als Taschenpartitur erhältlich ist.

Aufführungsdauer: ca. 10 Min.

KONZERT

für Cembalo (Klavier) und Streicher

J. S. Bach (1685–1750) BWV 1056

Herausgegeben von Hans-Joachim Schulze

Klavier I
Cembalo concertato

Klavier II
(Streicher)

Edition Peters Nr. 9983

13251

1) ossia:

22

KLAVIERMUSIK ZU VIER HÄNDEN
MUSIC FOR PIANO DUET

ORIGINALWERKE / ORIGINAL WORKS

BACH, J. CHR. 3 Sonaten (C-Dur op. 15/6, A-Dur op. 18/5,
F-Dur op. 18/6) (Weismann) .... EP 4516
BEETHOVEN Originalkompositionen (Sonate D-Dur op. 6,
3 Märsche op. 45, Variationen C-Dur und D-Dur) .... EP 285
BIZET Jeux d'enfants (12 Stücke) op. 22 .... EP 8747
BRAHMS Liebeslieder op. 52, Neue Liebeslieder
op. 65 (4 Singstimmen ad lib.) .... EP 3912
– Schumann-Variationen op. 23 .... EP 3659
– Ungarische Tänze Nr. 1-10 .... EP 2100a
– Ungarische Tänze Nr. 11-21 .... EP 2100b
– Walzer op. 39 .... EP 3665
CLEMENTI Sonaten Es-Dur (op. 14/3), C-Dur (op. 3/1),
Es-Dur (op. 3/2), C-Dur (op. 6/1) .... EP 1323
DEBUSSY Petite Suite, 6 épigraphes antiques, Marche écossaise EP 9078h
DIABELLI Sonaten op. 24, 54, 58, 60 .... EP 2440a
– Sonaten op. 32, 33, 37 (Frey) .... EP 2443a
– Sonaten op. 38, op. 73 .... EP 2443b
– Sonaten op. 150, Rondo op. 152 .... EP 2441
DVOŘÁK Slawische Tänze op. 46 .... EP 8752a
– Slawische Tänze op. 72 .... EP 8752b
– Ausgewählte Klavierwerke: Legenden op. 59 (Nr. 4, 5, 8, 9, 10),
Slawische Tänze op. 46 (Nr. 1, 2, 8), op. 72 (Nr. 2, 4, 8),
Waldesruhe op. 68/5 (Lerche) .... EP 4935
FAURÉ Dolly op. 56 (Howat) .... EP 7430
GENZMER Sonate D-Dur .... EP 5020
GRIEG Norwegische Tänze op. 35 .... EP 2056
– 2 pièces symphoniques op. 14 .... EP 1439
– Walzer-Capricen op. 37 .... EP 2156
KUHLAU 6 Sonatinen (op. 44/1-3, op. 66/1-3) .... EP 728
MENDELSSOHN BARTHOLDY Andante und Variationen
B-Dur op. 83a, Allegro brillant A-Dur op. 92 .... EP 1715
MOSZKOWSKI Spanische Tänze op. 12 .... EP 2125
– Neue spanische Tänze op. 65 .... EP 2992
– Polnische Volkstänze op. 55 .... EP 2777
MOZART Sonaten KV 358, 381, 497, 521; Variationen G-Dur
KV 501; Fuge g-Moll KV 401; Fantasien KV 594, 608 .... EP 12
PIANOFORTE-ALBUM Leichte und mittelschwere Original-
kompositionen von Haydn (Meastro e Scolare), Mozart
(Sonaten D und B), Beethoven (Sonate D), Schubert (Märsche
op. 51/1, op. 40/2), Weber (Sonatine C, Romanze op. 3/2),
Schumann (Geburtstagsmarsch op. 85/1) u.a. .... EP 1978a
REGER 6 Burlesken op. 58 .... EP 3949
– 6 Stücke op. 94 .... EP 3111
– Variationen und Fuge op. 132 (»Mozart-Variationen«) ... EP 3974
SCHUMANN Bilder aus Osten op. 66, Zwölf vierhändige Stücke
op. 85, Ballszenen op. 109, Kinderball op. 130 .... EP 2347
SCHUBERT Originalkompositionen in 3 Bänden
– I op. 10, 27, 30, 35, 40, 51, 54 .... EP 155a
– II op. 55, 61, 63, 66, 75, 82/1-2, 84/1-2 .... EP 155b
– III op. 103, 107, 121, 138, 140, 144, 152 .... EP 155c
– Märsche: 3 Marches héroiques op. 27 (D 602); 6 Grandes Marches
op. 40 (D 819); 3 Marches militaires op. 51 (D 733); Grande
Marche funèbre op. 55 (D 859); Marche héroique op. 66 (D 885);
2 Marches charact. op. 121 (D 968B); Kindermarsch G (D 928) EP 749
– 4 Ländler (D 814), Fuge e (D 952), Allegro und Andante C
(D 968) und andere leichte Stücke (K. Herrmann) ...... EP 4480
WEBER Originalkompositionen (op. 3, 10, 60) .... EP 188a

LEICHT SPIELBARE UNTERRICHTSWERKE
EASY PIANO PIECES

DIABELLI Melodische Übungsstücke op. 149 .... EP 2442
– Jugendfreuden op. 163 .... EP 2440b
LEICHTE SPIELSTÜCKE 37 Stücke von Beethoven, Türk,
Weber, Schubert, Vanhal, Fibich, u.a. (Holzweißig) ..... EP 9481
MOZART 2 Sonatinen, nach KV 213 und 240 (K. Herrmann) EP 4456
– 6 (Wiener) Sonatinen (Johnson) .... EP 7017
PRZYSTANIAK Four Hands - One Piano (12 leichte Jazzstücke) EP 10862
ROWLEY 6 kurze Tanzstückchen op. 41 .... EP 4381
RUTHARDT Lehrer und Schüler, 40 ganz leichte Stücke .. EP 2720
SCHOLL/ANDERSON Das Boogiebuch (7 leichte bis mittel-
schwere Stücke für Unterricht und Vortrag) .... EP 8650
A. TCHEREPNIN Exploring the Piano (12 Stücke
mit sehr leichtem Schülerpart) .... EP 66629
TSCHAIKOWSKY Russische Volkslieder .... EP 4493
TSCHECHISCHE VOLKSTÄNZE u. LIEDER (K. Herrmann) EP 4902
WOHLFAHRT Musikalischer Kinderfreund op. 87 ...... EP 1330

BEARBEITUNGEN / ARRANGEMENTS

BACH, J. S. Brandenburgische Konzerte Nr. 1-3 (Reger) .. EP 3108a
– – Nr. 4-6 (Reger) .... EP 3108b
– 4 Ouverturen (Suiten) für Orchester (Reger) .... EP 3181
– Jesus bleibet meine Freude (aus Kantate 147) .... EP 7470
BEETHOVEN Septett Es-Dur op. 20 .... EP 11
– Symphonien, 2 Bände (Nr. 1-5 / Nr. 6-9) .... EP 9/EP 10
BIZET Carmen, Ouvertüre .... EP 7457
GRIEG Peer-Gynt-Suite I op. 46 .... EP 2432
– Peer-Gynt-Suite II op. 55 .... EP 2663
HÄNDEL Orgelkonzerte (Ruthardt)
– Band I: 6 Konzerte op. 4 (g, B, g, F, F, B; HWV 289-294) ... EP 2591a
– Band II: 6 Konzerte op. 7 (B, A, B, d, g, B; HWV 306-311) .. EP 2591b
– Suite aus »Wassermusik« .... H 46
HAYDN Symphonien (Ulrich)
– Band I: Nr. 93, 94, 99, 101, 103, 104 .... EP 186a
– Band II: Nr. 86, 95, 97, 98, 100, 102 .... EP 186b
JOPLIN 14 ausgewählte Ragtimes, nach dem Original bearb.
für Klavier zu 4 Händen (Kirchgäßner/Didion), 2 Hefte .. EP 8610a/b
MENDELSSOHN Hochzeitsmarsch und Notturno (op. 61) . EP 7464
MOZART Ouvertüren: Idomeneo, Entführung, Figaros Hochzeit,
Don Giovanni, Cosi fan tutte, Zauberflöte, Titus (Kleinmichel) . EP 135a
– Serenade »Eine kleine Nachtmusik« KV 525 .... EP 3078
– Symphonien KV 385, 425, 504, 543, 550, 551 .... EP 187a
– Symphonien (KV 297, 319, 338); Serenaden (KV 250,
320); Symphonie G-Dur von Leopold Mozart .... EP 187b
OUVERTUREN-ALBUM
– Band I: Rossini (Barbier v. Sevilla, Diebische Elster, Italienerin
in Algier), Lortzing (Zar und Zimmermann), Donizetti
(Regimentstochter), Bellini (Norma), Auber, Boieldieu ... EP 1950
– Band II: Beethoven (Fidelio, Leonore Nr. 3, Egmont, Coriolan,
Prometheus), Schubert (Zauberharfe), Gluck, Cherubini .. EP 1951
ROSSINI Wilhelm Tell, Ouverture .... EP 7467
SUPPÉ Dichter und Bauer, Ouvertüre .... EP 7472
– Leichte Kavallerie, Ouvertüre .... EP 7458
WAGNER Siegfried-Idyll .... EP 7460

Bitte fordern Sie den Katalog der Edition Peters an
For our free sales catalogue please contact your local music dealer

C. F. PETERS · FRANKFURT/M. · LEIPZIG · LONDON · NEW YORK
www.edition-peters.de · www.edition-peters.com

17/01a